# Garfield

## ça beigne

ALBUM GARFIELD #38

PRESSES AVENTURE

www.garfield.com
Paru sous le titre original de : *Garfield Eats Crow*

Publié par **Presses Aventure,** une division de
**Les Publications Modus Vivendi inc.**
5150, boul. Saint-Laurent
Montréal (Québec)
Canada
H2T 1R8

Conception de la couverture : Marc Alain
Infographie : Modus Vivendi
Version française : Jean-Robert Saucyer

Dépôt légal, 3e trimestre 2003
Bibliothèque nationale du Québec
Bibliothèque nationale du Canada

ISBN : ISBN : 2-89543-123-X



Nous reconnaissons le soutien financier du gouvernement du Canada par l'entremise du Programme d'aide au développement de l'industrie de l'édition (PADIÉ) pour nos activités d'édition.

Gouvernement du Québec – Programme de crédit d'impôt pour l'édition de livres – Gestion SODEC

# Jeux auxquels GARFIELD aime s'adonner avec Odie

BEAGLE CULBUTÉ

CHIEN VOLANT

CACHE-CACHE EXTRÊME

FAISONS-ACCUSER-LE-CHIOT

TWIST DE L'HEURE DE POINTE

RAPPORTE LE JAMBON

GARFIELD
QUELLE BELLE JOURNÉE
© 2000 PAWS, INC./Distributed by Universal Press Syndicate
JIM DAVIS 11-5
C'EST SEULEMENT UN PETIT NUAGE
...UN SALE PETIT NUAGE

C'EST PRESQUE LE MOMENT DE MANGER
QUE DIS-TU, GARFIELD?
JE NE LE DIRAI QU'UNE FOIS, JON
QUAND JE NE MANGE PAS, C'EST TOUJOURS PRESQUE LE MOMENT DE MANGER
© 2000 PAWS, INC./Distributed by Universal Press Syndicate
www.garfield.com
JIM DAVIS 11-6

HÉ ODIE!
RIEN
© 2000 PAWS, INC./Distributed by Universal Press Syndicate
www.garfield.com
JIM DAVIS 11-7

OÙ JON PEUT-IL SE TROUVER?
LES ORTEILS DE MON PIED DROIT SONT PLUS VELUS QUE CEUX DE MON PIED GAUCHE
FAISONS COMME SI JE NE L'AVAIS PAS TROUVÉ
© 2000 PAWS, INC./Distributed by Universal Press Syndicate
www.garfield.com
JIM DAVIS 11-8

CROIS-TU QUE TU FAIS SUFFISAMMENT D'EXERCICE?
DE L'EXERCICE?
EST-CE QUE JE FAIS SUFFISAMMENT D'EXERCICE?!
JE CROIS QUE JE VIENS DE ME CLAQUER UN MUSCLE
© 2000 PAWS, INC./Distributed by Universal Press Syndicate
www.garfield.com
JIM DAVIS 11-9

JIM DAVIS 11-10
CLANG! CLANG! CLANG! CLANG! CLANG! CLANG!
POURQUOI AS-TU FAIT CELA?!
PARCE QUE TA COPINE SONNE À LA PORTE
© 2000 PAWS, INC./Distributed by Universal Press Syndicate
www.garfield.com

J'AI DRESSÉ UNE LISTE D'ÉPICERIE
«TOUT»
PRENDS DEUX DE TOUT, JE SUIS AFFAMÉ!
© 2000 PAWS, INC./Distributed by Universal Press Syndicate
www.garfield.com
JIM DAVIS 11-11

GARFIELD®
© 2000 PAWS, INC./Distributed by Universal Press Syndicate
JE T'AI
ZAP
ZIP
HÉ...
VAS-TU LA MANGER?
JIM DAVIS 11-12

SI TU M'ÉCRASES, TU T'EN VOUDRAS CHAQUE MATIN
J'EN DOUTE
JE NE ME LÈVE JAMAIS AVANT MIDI
© 2000 PAWS, INC./Distributed by Universal Press Syndicate
www.garfield.com
JIM DAVIS 11-13

T'AS ÉCRASÉ MA MÈRE! T'AS ÉCRASÉ MON PÈRE!
T'AS ÉCRASÉ MON FRÈRE! T'AS ÉCRASÉ MA SŒUR! T'AS ÉCRASÉ MA SŒUR! T'AS ÉCRASÉ MA SŒUR! T'AS ÉCRASÉ MON FRÈRE! T'AS ÉCRASÉ MA SŒUR!
T'AS ÉCRASÉ MON FRÈRE! T'AS ÉCRASÉ MON FRÈRE! T'AS ÉCRASÉ MA SŒUR!
SOUHAITONS QU'IL SOIT LE DERNIER DE LA LIGNÉE
© 2000 PAWS, INC./Distributed by Universal Press Syndicate
www.garfield.com
JIM DAVIS 11-14

FLÛTE! MES MAINS SONT ENGOURDIES ET LE NEZ ME PIQUE!
A-HUM
QU'EN DIS-TU?
TRÈS BIEN
© 2000 PAWS, INC./Distributed by Universal Press Syndicate
www.garfield.com
JIM DAVIS 11-15

HÉ LE CHAT, VOICI MON COUSIN, LOUIS LA TARENTULE
© 2000 PAWS, INC./Distributed by Universal Press Syndicate
PROUF !
www.garfield.com
QUE, PAR AILLEURS, JE N'AI JAMAIS AIMÉ
JIM DAVIS 11-16

HIER, J'AI BOUFFÉ UN PAPILLON DE NUIT
© 2000 PAWS, INC./Distributed by Universal Press Syndicate
T'AS AIMÉ ?
TU PARLES !
www.garfield.com
GRILLÉ À LA PERFECTION SUR L'AMPOULE DE LA VÉRANDA. MIAM !
JIM DAVIS 11-17

JE SUIS PRÊTE À CONQUÉRIR LE MONDE
© 2000 PAWS, INC./Distributed by Universal Press Syndicate
?
www.garfield.com
JIM DAVIS 11-18

G-A-R-F-I-E-L-D®
© 2000 PAWS, INC./Distributed by Universal Press Syndicate
RRRRR RRRRR
RRRRRR RRRRR
RRRRR RRRRR
RRRRR RRRRR
GARFIELD, JE T'AI LAISSÉ UN PETIT COIN
IL EST BIEN, CE TYPE
JPM DAVPS 11-19

VOILÀ QUI EST INTÉRESSANT...
JIM DAVIS 11-20
© 2000 PAWS, INC./Distributed by Universal Press Syndicate
ON DIT QUE LE NOM D'UN ANIMAL DEVRAIT REFLÉTER SA PERSONNALITÉ
www.garfield.com
QU'EN PENSES-TU, GROS PARESSEUX?
PEUT-ÊTRE, CERVEAU NAIN

JE M'ENNUIE
© 2000 PAWS, INC./Distributed by Universal Press Syndicate
TU ES ÉGALEMENT ENNUYEUX
www.garfield.com
UN HOMME-ORCHESTRE!
JIM DAVIS 11-21

NON, CE N'EST PAS ÇA
JIM DAVIS 11-22
© 2000 PAWS, INC./Distributed by Universal Press Syndicate
C'ÉTAIT UN BÂTON!
www.garfield.com
JE HAIS CE JEU

BONJOUR, JE SUIS HOWIE, LE GAI DINDON!
BRRR, J'AI FROID! AURIEZ-VOUS L'OBLIGEANCE DE ME METTRE AU FOUR?
ÇA SUFFIT, GARFIELD!
JE VEUX ÊTRE UN SANDWICH!
JIM DAVIS 11-23
© 2000 PAWS, INC./Distributed by Universal Press Syndicate
www.garfield.com

HÉLÈNE, ICI JON
JIM DAVIS 11-24
CLIC
OH! QUELQU'UN A COUPÉ LA COMMUNICATION
ON DIRAIT UN BOULOT POUR M. DÉNI
© 2000 PAWS, INC./Distributed by Universal Press Syndicate
www.garfield.com

JE ME RAPPELLE LES POLISSONNERIES QUE NOUS FAISIONS ENFANTS
JIM DAVIS 11-25
NOUS NOUS APPROCHIONS EN CATIMINI D'UNE MAISON
ET NOUS RETOURNIONS LE PAILLASSON À L'ENVERS!
ÇA PEUT EXPLIQUER TA COLLECTION DE CLEFS
© 2000 PAWS, INC./Distributed by Universal Press Syndicate
www.garfield.com

GARFIELD
HUM... J'AI OUBLIÉ LE KETCHUP
© 2000 PAWS, INC. All Rights Reserved.
CLIC
WOOP WOOP
Distributed by Universal Press Syndicate
N'APPROCHEZ PAS DU PAIN DE VIANDE!
JE PERÇOIS UN MANQUE DE CONFIANCE
JIM DAVIS 11-26

LES FILLES NE M'AIMENT PAS, GARFIELD. JE DOIS FAIRE QUELQUE CHOSE
TU DEVRAIS PEUT-ÊTRE T'EFFORCER DE MIEUX COMPRENDRE L'ÂME FÉMININE
ÇA TE PERMETTRAIT D'ÉTABLIR UN DIALOGUE PLUS SÉRIEUX, CE QUI CONTRIBUERAIT À DES RELATIONS PLUS GRATIFIANTES
PEUT-ÊTRE UN MANUCURE ?

GARFIELD, TU VOIS CETTE FILLE QUI ME ZYEUTE ?
C'EST PLUS FORT QU'ELLE
JE L'ATTIRE COMME UN AIMANT
UN AIMANT DISTRAIT

MARSHA, JE CHERCHE UNE FILLE DE LA VIEILLE ÉCOLE
UNE FILLE QUI A DE SOLIDES VALEURS FAMILIALES
UNE FILLE QUI PEUT TRAIRE UNE CHÈVRE EN TROIS MINUTES PILE !
ADIEU MARSHA !

TU SAIS GARFIELD, IL Y A PLEIN DE FILLES EN CE MONDE
COMME IL Y A PLEIN DE POISSONS DANS L'OCÉAN
IL SUFFIT DE JETER SA LIGNE À L'EAU
TON APPÂT EST MORT

ALLÔ GRAND-MÈRE? JON À L'APPAREIL
JE SUIS TRISTOUNET. J'AI DU MAL À TROUVER UNE FILLE
ELLE DIT QUE C'EST PARCE QUE JE SUIS UN ABRUTI
JE SUIS SÛR QU'ELLE A DIT CELA AVEC LES MEILLEURES INTENTIONS

TU NE TE SOUVIENS PAS DE MOI, BECKY?
NON?
SUPER!
VRAIMENT?
INVITE-LA!

Garfield
© 2000 PAWS, INC./Distributed by Universal Press Syndicate
EH BIEN, GARFIELD...
LE TEMPS DES FÊTES APPROCHE...
TOUT EST SI CALME ICI...
TROP CALME...
BEAUCOUP TROP CALME...
JIM DAVIS 12-3
JE POURRAIS PEUT-ÊTRE CHANTER...
OUAROU! MIAOU! MIAOU! MIAOU!
SLAP! SLAP SLAP SLAP
BAM BAM BAM BAM

JE ME DEMANDE SI GARFIELD SAIT QUE NOËL APPROCHE
CÂLIN
IL LE SAIT
JIM DAVIS 12-4

LA NEIGE ME MET DAVANTAGE DANS L'AMBIANCE DE NOËL...
EH BIEN, TRA-LA-LA-LA-LA...
JIM DAVIS 12-5

QU'EST-CE QUE CE BONHOMME DE NEIGE FAIT DANS LE SÉJOUR?
IL FOND
JIM DAVIS 12-6

JON EST EN TRAIN DE DÉCORER L'ARBRE DE NOËL
JIM DAVIS 12-7
ZZT
UNE RALLONGE EFFILOCHÉE
ELLE N'EST PAS LA SEULE À ÊTRE EFFILOCHÉE

JIM DAVIS 12-8
PROUF !
UNE DÉCORATION POUR LA CIME DU SAPIN
FICHE LE CAMP!

SOUVIENS-TOI QUE LE PÈRE NOËL TE REGARDE
JIM DAVIS 12-9
À TA SANTÉ, L'AMI!

Garfield®
WHUMP!
© 2000 PAWS, INC./Distributed by Universal Press Syndicate
WHUMP!
?
WHUMP!
UN ESSAI PRÉALABLE
JPM DAVPS 12-10
IL FAUT PLUS DE SAINDOUX

JE ME SOUVIENS DES NOËLS DE MON ENFANCE...
... DE PAPA QUI DÉCOUPAIT LA MOUCHE RÔTIE...
... DES MOUCHERONS QUI BRÛLAIENT DANS LA CHEMINÉE...
TU M'ENLÈVES LE GOÛT DU LAIT DE POULE
JIM DAVIS 12-11

JE ME SOUVIENS QU'À LA FERME UN TRAIN ÉLECTRIQUE TOURNAIT AUTOUR DU SAPIN DE NOËL
PUIS, UNE ANNÉE, DOC BOY A LÉCHÉ LE RAIL
IL A LUI DANS LE NOIR PENDANT TROIS JOURS
JE RETIRE MES PAROLES À PROPOS DU FAIT QU'IL N'ÉTAIT PAS BRILLANT
JIM DAVIS 12-12

REGARDEZ! UNE CANNE EN SUCRE...
UNE ICÔNE DE NOËL, LUSTRÉE, ÉTONNANTE DE SIMPLICITÉ
ET TROP GOÛTEUSE POUR QUE JE PONTIFIE PLUS LONGTEMPS À SON SUJET
JIM DAVIS 12-13

HAAAAAHHHH
MMMMM
IL A UNE HALEINE DE SUCRE D'ORGE
JIM DAVIS 12-14
© 2000 PAWS, INC. All Rights Reserved.
Distributed by Universal Press Syndicate
www.garfield.com

VOICI CE QUE JE PROPOSE...
TU ME DIS OÙ SONT CACHÉS MES CADEAUX DE NOËL...
ET JE NE T'ARRACHE PAS LES LÈVRES AVANT DE LES BALANCER SUR LE TOIT
JE N'AIME PAS CE REGARD
JIM DAVIS 12-15
© 2000 PAWS, INC. All Rights Reserved.
Distributed by Universal Press Syndicate
www.garfield.com

QUE RÉPONDRAIS-TU AU PÈRE NOËL S'IL TE DEMANDAIT EN TE REGARDANT DANS LES YEUX: «AS-TU ÉTÉ GENTIL CETTE ANNÉE?»
RONRONRONRONRONRONRON
C'EST UNE DÉROBADE FÉLINE
ET ALORS? JE SUIS DÉSESPÉRÉ
JIM DAVIS 12-16
© 2000 PAWS, INC. All Rights Reserved.
Distributed by Universal Press Syndicate
www.garfield.com

Garfield
JE NE LE SUPPORTERAI PAS PLUS LONGTEMPS ...
L'ATTENTE ...
L'INCERTITUDE ...
COMMENT EST-ON CENSÉ SUPPORTER UNE TELLE ANGOISSE ?
PENDANT ... PENDANT ...
JIM DAVIS 12-17
HUIT AUTRES JOURS
HUIT AUTRES JOURS ?!!

SLAM!
C'ÉTAIT TERRIBLE! J'AI À PEINE EU LA VIE SAUVE!!
LA SEMAINE AVANT NOËL AU CENTRE COMMERCIAL
JIM DAVIS 12-18
© 2000 PAWS, INC. All Rights Reserved.
Distributed by Universal Press Syndicate
www.garfield.com

JIM DAVIS 12-19
GARFIELD!
C'ÉTAIT LA DIRECTION DU CENTRE COMMERCIAL
LE LUTIN DU PÈRE NOËL VEUT RAVOIR SES CHAUSSONS
BÉBÉ LALA
© 2000 PAWS, INC. All Rights Reserved.
Distributed by Universal Press Syndicate
www.garfield.com

REGARDE CE QUI EST ARRIVÉ, GARFIELD! UN COLIS DE MAMAN EN PRÉVISION DE NOËL
JIM DAVIS 12-20
C'EST BON, JE VAIS COUPER LA FICELLE
FAIS GAFFE QUE LA SAUCE BRUNE NE SE RÉPANDE
© 2000 PAWS, INC. All Rights Reserved.
Distributed by Universal Press Syndicate
www.garfield.com

AS-TU GRIMPÉ À L'ARBRE DE NOËL?
JIM DAVIS 12-21
© 2000 PAWS, INC. All Rights Reserved.
PAS LE NÔTRE
Distributed by Universal Press Syndicate
www.garfield.com
DING DONG
DIS QUELQUE CHOSE POUR ME COUVRIR

EUF...QUE DE BEAUX SOUVENIRS DE NOËL...
PHOTOS
© 2000 PAWS, INC. All Rights Reserved.
MAIS NOUS NE DEVRIONS PAS VIVRE DANS LE PASSÉ
CERTES NON
www.garfield.com
Distributed by Universal Press Syndicate
JIM DAVIS 12-22
JE VIS POUR LE PRÉSENT!
©GARFIELD

JE SUIS NAVRÉ, MME FEENY. JOYEUSES FÊTES À VOUS AUSSI
© 2000 PAWS, INC. All Rights Reserved.
ELLE DIT QUE TU AS LAISSÉ UN PRÉSENT SUR LE PAS DE SA PORTE
C'EST LE TEMPS DES CADEAUX
www.garfield.com
Distributed by Universal Press Syndicate
JIM DAVIS 12-23
UNE BOULE DE POILS?!!
JE L'AI FAITE MOI-MÊME

GARFIELD
© 2000 PAWS, INC. All Rights Reserved.
JIM DAVIS 12-24
OUF
OUF
OUF
OUF
OUF
OUF
SQUIC
SQUIC
SQUIC
Distributed by Universal Press Syndicate

J'ADORE NOËL
MOI AUSSI
ET JE T'ADORE, GARFIELD
MOI AUSSI
ET NOUS VOUS ADORONS TOUS!
JOYEUX NOËL!

AU REVOIR, NOËL! À BIENTÔT!
REVIENS QUAND TU VEUX!

ALLÔ DENISE, ICI JON! AS-TU DES PROJETS POUR LA SAINT-SYLVESTRE?
JE VEUX DIRE, **AUTRES** QUE DE M'ÉVITER À TOUT PRIX
ZING!

AUCUNE NE VEUT M'ACCOMPAGNER À LA SAINT-SYLVESTRE
NE SOIS PAS TRISTE, JON
ELLES REFUSERAIENT DE T'ACCOMPAGNER MÊME SI CE N'ÉTAIT PAS LA SAINT-SYLVESTRE
FLATTE FLATTE
FLATTE FLATTE
JIM DAVIS 12-28
www.garfield.com
© 2000 PAWS, INC. All Rights Reserved.
Distributed by Universal Press Syndicate

POURQUOI REFUSENT-ELLES TOUTES DE M'ACCOMPAGNER?
JIM DAVIS 12-29
SUIS-JE LAID ? NON!
SUIS-JE IMPOLI ? NON.
SUIS-JE ENNUYEUX ?
Z
AH LA FERME!
© 2000 PAWS, INC. All Rights Reserved.
www.garfield.com
Distributed by Universal Press Syndicate

LES RENDEZ-VOUS GALANTS SONT SURÉVALUÉS
LE NOUVEL AN EST SURÉVALUÉ
PAR CONTRE, LES JOLIES FILLES AU NOUVEL AN NE LE SONT PAS
OUAAH!
JIM DAVIS 12-30
www.garfield.com
© 2000 PAWS, INC. All Rights Reserved.
Distributed by Universal Press Syndicate

GARFIELD®
31
1
DIX... NEUF...
Distributed by Universal Press Syndicate
HUIT... SEPT...
© 2000 PAWS, INC. All Rights Reserved.
SIX... CINQ...
QUATRE... TROIS...
DEUX... UN...
GARFIELD, IL EST SEPT HEURES DU MATIN...
JE M'ENTRAÎNE !
BONNE ANNÉE !
JPM DAVIS 12-31

VOICI TON COURRIER
ET VOICI LE PORTE-FEUILLE DU FACTEUR
LAISSE LE PAUVRE HOMME EN PAIX!
SAPRISTI QUE SES GAMINS SONT MOCHES
JIM DAVIS 1-1
Distributed by Universal Press Syndicate
© 2001 PAWS, INC. All Rights Reserved.
www.garfield.com

QUE VEUX-TU QUE NOUS FASSIONS?
D'ACCORD
JIM DAVIS 1-2
Distributed by Universal Press Syndicate
© 2001 PAWS, INC. All Rights Reserved.
www.garfield.com

CHEZ SOI, ON PEUT SE PROMENER EN CALEÇON
CHEZ SOI, ON PEUT BOIRE LE LAIT À MÊME LE CARTON
CHEZ SOI, ON PEUT SE GRATTER OÙ ÇA PIQUE
CHEZ SOI, C'EST DÉGOÛTANT
JIM DAVIS 1-3
Distributed by Universal Press Syndicate
© 2001 PAWS, INC. All Rights Reserved.
www.garfield.com

GARFIELD, HIER J'AI RENCONTRÉ UNE JOURNALISTE
ELLE VEUT FAIRE UN ARTICLE DE FOND À VISAGE HUMAIN
ELLE M'A PRIS EN PHOTO
« UN PARC ATTIRE LES DÉBILES »
JIM DAVIS 1-4
© 2001 PAWS, INC. All Rights Reserved.
www.garfield.com
Distributed by Universal Press Syndicate

ON EST VENDREDI SOIR...
ET JE SUIS CHEZ MOI AVEC UN CHAT !
QUELQU'UN PEUT-IL ÊTRE PLUS DÉPRIMÉ QUE MOI ?
JIM DAVIS 1-5
© 2001 PAWS, INC. All Rights Reserved.
www.garfield.com
Distributed by Universal Press Syndicate

MA VIE ME LÈVE LE CŒUR, GARFIELD... COMME UN CHIEN TREMPÉ...
COMME DE VIEILLES CHAUSSETTES SALES...
COMME...
J'AI COMPRIS !
JIM DAVIS 1-6
© 2001 PAWS, INC. All Rights Reserved.
www.garfield.com
Distributed by Universal Press Syndicate

GARFIELD®
DONG!
DONG?
DONG?
JIM DAVIS 1-7
Distributed by Universal Press Syndicate
DONG DONG DONG DONG DONG
ÇA PAR EXEMPLE !
DES GRÊLONS DE LA TAILLE DE BALLES DE GOLF!
DONG DONG DONG DONG
© 2001 PAWS, INC. All Rights Reserved.
DONG DONG DONG DONG DONG
IL DEVRAIT VRAIMENT CONSULTER UN PROFESSIONNEL
DONG
TCHOC

JE NE T'AI PAS ACHETÉ DE FRIANDISES, GARFIELD, ET TU SAIS POURQUOI ?
PARCE QU'IL N'Y A PAS QUE ÇA DANS LA VIE, VOILÀ POURQUOI
SOUVIENS-T'EN ALORS QUE JE T'ARRACHE UN POIL DU COU
JIM DAVIS 1-8
Distributed by Universal Press Syndicate
© 2001 PAWS, INC. All Rights Reserved.
www.garfield.com

J'AI MILLE CHOSES À FAIRE !
J'AI DES TAS DE RENDEZ-VOUS !
C'EST DONC AINSI QUE SE SENTENT CEUX QUI VIVENT LEUR VIE
UN PEU DE PRATIQUE NE NUIT JAMAIS
JIM DAVIS 1-9
Distributed by Universal Press Syndicate
© 2001 PAWS, INC. All Rights Reserved.
www.garfield.com

LE MOMENT EST VENU DE RÉFLÉCHIR À MA VIE
YAAAAAHHH !!
POURQUOI T'INFLIGES-TU PAREIL TOURMENT ?
JIM DAVIS 1-10
Distributed by Universal Press Syndicate
© 2001 PAWS, INC. All Rights Reserved.
www.garfield.com

ODIE, UN BALLON PLEIN D'EAU...
JIM DAVIS 1·11
UNE GRIFFE...
Distributed by Universal Press Syndicate
© 2001 PAWS, INC. All Rights Reserved.
www.garfield.com
ÇA NE S'EST PAS PASSÉ COMME JE LE PRÉVOYAIS

« LES MARINS DU VAISSEAU PERDU AVAIENT ABANDONNÉ TOUT ESPOIR »
JIM DAVIS 1·12
Distributed by Universal Press Syndicate
« ILS MANQUAIENT DE PROVISIONS. NUL N'AVAIT MANGÉ DEPUIS DES JOURS... »
© 2001 PAWS, INC. All Rights Reserved.
« SOUDAIN, LE CHAT DU CAPITAINE APPARUT SUR LE PONT... »
DODO !
www.garfield.com

NOUS AVIONS UN CHAT À LA FERME, GARFIELD
JIM DAVIS 1·13
Distributed by Universal Press Syndicate
C'ÉTAIT UN GRAND RATIER. PLUS LES RAS ÉTAIENT GROS, PLUS IL LES AIMAIT !
www.garfield.com
© 2001 PAWS, INC. All Rights Reserved.
JE SUIS SÛR QU'IL T'AURAIT PLU
JE NE FRÉQUENTE PAS LES PSYCHOPATHES

GARFIELD®
TU ACCEPTES DE SORTIR AVEC MOI?... SI JE QUOI?...
Distributed by Universal Press Syndicate
© 2001 PAWS, INC. All Rights Reserved.
CLUC-CLUC-BOC-BOC-BOC-BOC-KÂÂÂ...
SI JE QUOI?
JIM DAVIS 1-14
OUI, J'AGITE LES COUDES
PLAISE AU CIEL QU'IL NE SE METTE PAS DANS L'EMBARRAS DEVANT UN CHAT

SILENCE SUR LE PLATEAU!
ACTION!
BEL EFFORT
JIM DAVIS 1-15
www.garfield.com Distributed by Universal Press Syndicate
© 2001 PAWS, INC. All Rights Reserved.

TOUT S'ÉQUILIBRE DANS MON UNIVERS PERSONNEL
L'HOMME-FICELLE!
JE DOIS TROUVER UN UNIVERS MOINS VASTE
JIM DAVIS 1-16
www.garfield.com Distributed by Universal Press Syndicate
© 2001 PAWS, INC. All Rights Reserved.

JE NOURRIS PLUSIEURS RÊVES ET ESPOIRS POUR L'AVENIR
J'AI UN SANDWICH AU SALAMI
QUE DIRAIS-TU DE RÊVER À DU THÉ GLACÉ?
JIM DAVIS 1-17
www.garfield.com Distributed by Universal Press Syndicate
© 2001 PAWS, INC. All Rights Reserved.

T'AS ENCORE BOUFFÉ DES AIMANTS DE FRIGO FIGURANT DES FRUITS ?
PEUT-ÊTRE BIEN
JIM DAVIS 1-18

BAT
BAT BAT BAT
BAT BAT BAT
MES PARENTS VOULAIENT QUE JE DEVIENNE UN PULL MAIS JE ME SUIS REBELLÉE
JIM DAVIS 1-19

TOUT CE QUI LÈVE, MÊME UN EMPIRE, REDESCEND
JIM DAVIS 1-20
TU VOIS ?!
POURQUOI SE LEVER ?!
HISTOIRE

GARFIELD
ÉTÉ ISSI
PUIS-JE PARLER À EVELYNE?
QUOI? ELLE N'EST PLUS À CE NUMÉRO?
ELLE EST À BORD D'UN CARGO EN ROUTE POUR BORNÉO?
ELLE A RENONCÉ À TOUS SES BIENS MATÉRIELS ET AU MODE DE VIE MODERNE?
FLÛTE!
ELLE N'EN A RIEN DIT QUAND JE L'AI VUE HIER SOIR
TU FAIS CET EFFET AUX FEMMES
JIM DAVIS 1-21
© 2001 PAWS, INC. All Rights Reserved. Distributed by Universal Press Syndicate

LA JOURNÉE QUI S'ACHÈVE NE S'EST PAS BIEN PASSÉE
TOUT COMPTE FAIT, LA JOURNÉE NE S'EST PAS MAL PASSÉE
AU FOND, TU DIS QUE CE N'ÉTAIT PAS UNE JOURNÉE
JIM DAVIS 1-22

JE NE VAIS PLUS MUER
J'AI DONNÉ LE CONTRAT EN SOUS-TRAITANCE
JIM DAVIS 1-23

DEHORS SE TROUVENT LES MERVEILLES DE LA NATURE
DEDANS SE TROUVENT DES CROUSTILLES ET UNE TREMPETTE
POURQUOI CHOISIR ?
JIM DAVIS 1-24

CRIMES, IMPÔTS, GUERRE, GRÈVES...
JOURNAL
JOURNAL DES CHATS
www.garfield.com Distributed by Universal Press Syndicate
CATASTROPHES NATURELLES ET ÉCONOMIQUES...
© 2001 PAWS, INC. All Rights Reserved.
OUF...
ON ASSISTE À DE NOMBREUSES MUES DE PAR LE MONDE
JIM DAVIS 1-25

Distributed by Universal Press Syndicate www.garfield.com
PRENDS BONNE NOTE, GARFIELD
© 2001 PAWS, INC. All Rights Reserved.
ON NE MANGE JAMAIS UN POISSON ROUGE AVANT LE DODO
JIM DAVIS 1-26

TOI!
www.garfield.com Distributed by Universal Press Syndicate
SOUVIENS-TOI!
© 2001 PAWS, INC. All Rights Reserved.
IL EST IMPOLI DE MONTRER DU DOIGT!
JIM DAVIS 1-27

GARFIELD®
Distributed by Universal Press Syndicate
© 2001 PAWS, INC. All Rights Reserved.
FOOMP
JIM DAVIS 1-28

GARFIELD, IL Y A UN BON FILM À LA TÉLÉ CE SOIR
JIM DAVIS 1-29
HERVÉ LE TAMIA DANS...
«ATTAQUE DES PETITS HERBIVORES»
TOUS LES ANIMAUX QUI INSPIRENT L'EFFROI Y SONT PASSÉS
«MOBY DICK»
BALEINE GÉANTE... CAPITAINE OBSÉDÉ... POURSUITE... COMBAT... AHAB ACQUIERT LA FERME... MOBY NAGE AU SOLEIL COUCHANT... FIN
JIM DAVIS 1-30
REVENEZ-NOUS POUR «CLASSIQUES EN 10 SECONDES»
LA SEMAINE PROCHAINE ON DONNE «GUERRE ET PAIX»
AUJOURD'HUI À «SOURCILS EN VEDETTE», MA JOLIE ASSISTANTE ET MOI VOUS MONTRERONS PLUSIEURS TECHNIQUES D'ÉPILATION
JIM DAVIS 1-31
POINK!
OUILLE!
SALAUD!
PSSST!
DU POIVRE DE CAYENNE! VITE! SÉCURITÉ!
J'ADORE LA TÉLÉ
© 2001 PAWS, INC. All Rights Reserved.
Distributed by Universal Press Syndicate
www.garfield.com

VOICI LARRY ET SON REPORTAGE SUR LES MATINS À LA FERME
© 2001 PAWS, INC. All Rights Reserved.
JPM DAVIS 2·1
IL N'Y A RIEN À VOIR, SAUF DE LA POUSSIÈRE AUSSI LOIN QUE PORTE LE REGARD
Distributed by Universal Press Syndicate
www.garfield.com
Y A-T-IL DES TRACTEURS EN VUE ?
CITADINS

NOUS SOMMES AVEC REX, LE CHIEN CASCADEUR
© 2001 PAWS, INC. All Rights Reserved.
JPM DAVIS 2·2
REX, COMMENT VOUS RÉMUNÈRE-T-ON CES DANGEREUSES CASCADES ?
www.garfield.com
Distributed by Universal Press Syndicate
ON ME CARESSE BEAUCOUP ENTRE LES OREILLES
L'IDIOT TRAVAILLE À RABAIS

LA TÉLÉCOMMANDE EST BRISÉE
CLICK CLICK
© 2001 PAWS, INC. All Rights Reserved.
JPM DAVIS 2·3
LA TÉLÉ EST COINCÉE À « L'HISTOIRE DES POTS DE FLEURS NORVÉGIENS »
Distributed by Universal Press Syndicate
www.garfield.com
LA LÉTHARGIE ÉLARGIT NOS HORIZONS

GARFIELD®
CHAQUE ANIMAL A SON ENDROIT PRÉFÉRÉ
Distributed by Universal Press Syndicate
LES CHATS ADORENT LES REBORDS DE FENÊTRES
LA JOIE DE S'OFFRIR AUX CHAUDS RAYONS DU SOLEIL
© 2001 PAWS, INC. All Rights Reserved.
LA VISION PANORAMIQUE DU MONDE, LE DÉFILÉ DE L'HUMANITÉ
LES CHATS PRÉFÈRENT LE SOL...
JIM DAVIS 2-4

BONJOUR MAMAN
TOUJOURS LA MÊME CHOSE
EN CE MOMENT, J'ÉPOUSSETTE LE CHAT
HI HI HI
JIM DAVIS 2-5

GARFIELD, IL Y A DU BRUIT À LA CAVE
CE POURRAIT ÊTRE UN GROS RAT!
TON INSTINCT PRIMITIF N'EST-IL PAS EN ÉVEIL ?
OUI, JE T'ATTENDS DANS L'AUTO
JIM DAVIS 2-6

RÉSERVÉ
RÉSERVÉ
SE PEUT-IL QUE L'ÉLÉMENT DE SURPRISE SE SOIT ÉMOUSSÉ?
JIM DAVIS 2-7

ODIE A DÉTERRÉ LES FLEURS DU JARDIN!
EUH!
ODIE A DÉTERRÉ LES FLEURS DU JARDIN!
JIM DAVIS 2-8
www.garfield.com Distributed by Universal Press Syndicate
© 2001 PAWS, INC. All Rights Reserved.

FÉLICITATIONS VOUS AVEZ REMPORTÉ LE PREMIER PRIX!
UNE SOIRÉE AVEC MOI
L'ÉMOI ÉTAIT TROP VIOLENT
ELLE A PEUT-ÊTRE UN VIRUS STOMACAL
JIM DAVIS 2-9
www.garfield.com Distributed by Universal Press Syndicate
© 2001 PAWS, INC. All Rights Reserved.

NUL NE PEUT S'ÉTIRER COMME UN CHAT
EUF
HÉ!
JIM DAVIS 2-10
www.garfield.com Distributed by Universal Press Syndicate
© 2001 PAWS, INC. All Rights Reserved.

GARFIELD
J'EN AI SOUPÉ DE L'HIVER
VIVEMENT QUE CESSE DE TOMBER LA NEIGE!
Distributed by Universal Press Syndicate
© 2001 PAWS, INC. All Rights Reserved.
JIM DAVIS 2-11
ZIP

MA PHILOSOPHIE EST SIMPLE, GARFIELD
JIM DAVIS 2-12
www.garfield.com
Distributed by Universal Press Syndicate
SOURIEZ ET LE MONDE VOUS SOURIRA
© 2001 PAWS, INC. All Rights Reserved.
EN FAIT, JE LES ENTENDS EN CE MOMENT
ILS APPLAUDISSENT SUR LA PELOUSE

POOF!
BISCUITS
www.garfield.com
Distributed by Universal Press Syndicate
JE SUIS LE GÉNIE DU POT À BISCUITS
BISCUITS
JIM DAVIS 2-13
FAITES TROIS VŒUX!
OÙ SONT LES BISCUITS QUAND ON EN VEUT?
© 2001 PAWS, INC. All Rights Reserved.

GARFIELD, AUJOURD'HUI JE NE FAIS R-I-E-N
BRAVO!
www.garfield.com
Distributed by Universal Press Syndicate
JE PARESSE
MON HÉROS
JIM DAVIS 2-14
© 2001 PAWS, INC. All Rights Reserved.
JE NE NETTOIE MÊME PAS TON BAC À LITIÈRE
PSYCHOPATHE!

JON, SAVOURONS CE MOMENT
J'AI UNE BANANE DANS L'OREILLE
JIM DAVIS 2-15
UN JOUR, NOUS NOUS SOUVIENDRONS DE LA FOIS OÙ TU AS TRÉBUCHÉ SUR LE SAC D'ÉPICERIE ET NOUS EN RIRONS
J'AI DES RAISINS DANS LES NARINES
CE SONT DES JOURS HEUREUX!
JE VAIS T'ÉTRIPER

TU AS BIEN MANGÉ, GARFIELD?
BIEN, MERCI
C'EST MON RAGOÛT-DE-TOUT-CE-QUI-TRAÎNE-DANS-LE-FRIGO-DEPUIS-TROP-LONGTEMPS
JE NE LE PRÉPARE QU'UNE FOIS TOUS LES CINQ ANS
VOILÀ PLUS D'INFORMATION QU'IL NE M'EN FAUT
JIM DAVIS 2-16

JE M'ENNUIE, JE SUIS LAS ET J'AI FAIM
MAIS TU NE PEUX PAS MUER, N'EST-CE PAS?
JIM DAVIS 2-17

GARFIELD®
Distributed by Universal Press Syndicate
© 2001 PAWS, INC. All Rights Reserved.
POOKY! TU ES CHAUD. QUELQU'UN VIENT DE TE CÂLINER ET CE N'EST PAS MOI!
DONNES-TU DES CÂLINS À TOUT LE MONDE?
JE VIENS DE LE SORTIR DU SÈCHE-LINGE
JE NE SUIS QU'UN AMOUREUX JALOUX
JIM DAVIS 2·18

LES FILLES RAFFOLENT DU LOOK MACHO
JIM DAVIS 2-19
www.garfield.com Distributed by Universal Press Syndicate
JE ME SUIS DONC PROCURÉ CE BLOUSON DE CUIR. QU'EN DIS-TU ?
© 2001 PAWS, INC. All Rights Reserved.
IL EST BIEN ASSORTI À TES PANTOUFLES JEANNOT LAPIN

JE NE SUIS PAS TON GENRE ?!
www.garfield.com Distributed by Universal Press Syndicate
QUEL EST-IL, TON GENRE ?
© 2001 PAWS, INC. All Rights Reserved.
HUMAIN ?
POINTILLEUSE, LA FILLE
JIM DAVIS 2-20

CINDY VIENT DE TÉLÉPHONER
www.garfield.com Distributed by Universal Press Syndicate
PLPLPLPLPLPL!!
© 2001 PAWS, INC. All Rights Reserved.
ELLE DIT QUE JE MANQUE DE MATURITÉ
QU'EST-CE QU'ELLE EN SAIT ?
JIM DAVIS 2-21

VEUX-TU RÉPÉTER CELA?
JIM DAVIS 2-22
www.garfield.com
Distributed by Universal Press Syndicate
TU VEUX SORTIR AVEC MOI?!
© 2001 PAWS, INC. All Rights Reserved.
ALLÔ?... ALLÔ?
JON REVIENDRA SOUS PEU. IL EXÉCUTE SA DANSE DU POULET RAVI SUR LA PELOUSE
OUI! OUI! OH OUI!

CE SOIR, JE SORS AVEC GINNY
www.garfield.com
Distributed by Universal Press Syndicate
ELLE ADORE RIRE
© 2001 PAWS, INC. All Rights Reserved.
J'AI TROIS HEURES POUR ACQUÉRIR LE SENS DE L'HUMOUR
JE COURS CHERCHER LE FAUX ROBINET À SE COLLER AU FRONT
JIM DAVIS 2-23

DES GAMINS S'AMUSENT À SONNER À LA PORTE ET À S'ENFUIR
www.garfield.com
Distributed by Universal Press Syndicate
CE SEAU D'EAU LEUR DONNERA UNE BONNE LEÇON
DING
DONG
© 2001 PAWS, INC. All Rights Reserved.
MA MIGNONNE SERA ICI DANS UN INSTANT
JE NE CROIS PAS
JIM DAVIS 2-24

Garfield
GLOU GLOU GLOU
© 2001 PAWS, INC. All Rights Reserved.
Distributed by Universal Press Syndicate
GLOU GLOU GLOU
GLOU GLOU GLOU
GLOU GLOU GLOU GLOU GLOU GLOU GLOU GLOU
LA MÉLODIE EST JOLIE MAIS ON NE PEUT Y DANSER
UN CHAT AFFAMÉ N'A PAS LE SENS DE L'HUMOUR
JIM DAVIS 2-25

JE DÉTESTE LES ARAIGNÉES POUR DEUX RAISONS
ELLES SONT SOURNOISES...
PAF
ET JE LES SOUPÇONNE DE VOLER DE LA BOUFFE
BING
BANG

JE SUIS L'ARAIGNÉE VENGERESSE!
PIQUE
GRATTE GRATTE
J'AI ENCORE FRAPPÉ!

VA-T'EN!
C'EST MA NATURE VIOLENTE ET MON CARACTÈRE IMPITOYABLE QUI T'EFFRAIENT?
OU EST-CE MON CORPS VELU ET IMPOSANT, ET MON DARD VENIMEUX?
C'EST TON HALEINE QUI EMPESTE LA MOUCHE. VA-T'EN!

JIM DAVIS 3-1
PROUF !
Distributed by Universal Press Syndicate www.garfield.com
© 2001 PAWS, INC. All Rights Reserved.
TU ES EN RETARD
NAVRÉE

JIM DAVIS 3-2
JE N'AI PAS LE TEMPS D'ARRÊTER
Distributed by Universal Press Syndicate www.garfield.com
PROUF !
© 2001 PAWS, INC. All Rights Reserved.
TU DOIS APPRENDRE À RELAXER
ÇA VA, COMME ÇA ?

UNE ARAIGNÉE !
ATTENDS !
JIM DAVIS 3-3
Distributed by Universal Press Syndicate www.garfield.com
LES ARAIGNÉES MANGENT LES INSECTES
© 2001 PAWS, INC. All Rights Reserved.
MANGEUSE D'INSECTES !
PROUF !

Garfield®
Distributed by Universal Press Syndicate
WHAM!
© 2001 PAWS, INC. All Rights Reserved.
?
ZZZZZZZIII!!
PAF!
JIM DAVIS 3-4

SLORP! SLURP! SLUP! SLURP!
www.garfield.com Distributed by Universal Press Syndicate
JE T'EN PRIE GARFIELD, IL N'Y A RIEN DE PLUS DÉGOÛTANT
SLORP! SLUP!
© 2001 PAWS, INC. All Rights Reserved.
JIM DAVIS 3-5
SAUF CELA
GARFIELD

À L'AIDE, GARFIELD! JE ME SUIS ENFERMÉ DEHORS EN RAMASSANT LE JOURNAL!
JIM DAVIS 3-6
www.garfield.com Distributed by Universal Press Syndicate
VITE! JE N'AI PAS DE PANTALON!
© 2001 PAWS, INC. All Rights Reserved.
JE PORTE UN CALEÇON AVEC DES CHATS!
ALORS ENTRE PAR LA CHATIÈRE

JIM DAVIS 3-7
www.garfield.com Distributed by Universal Press Syndicate
© 2001 PAWS, INC. All Rights Reserved.
DEMAIN, JE RECOMMENCE À M'HABILLER **APRÈS** AVOIR PRIS MA DOUCHE!
AU MOINS, TU AS TENTÉ QUELQUE CHOSE

RRRRRRRRRR
GARFIELD, ÉTAIT-CE LE MÉLANGEUR?
NE RÉPONDS PAS. JE PRÉFÈRE NE PAS SAVOIR
UN JEANNOT LAPIN FRAPPÉ?
JIM DAVIS 3-8
www.garfield.com
Distributed by Universal Press Syndicate
© 2001 PAWS, INC. All Rights Reserved.

JE SAIS COMMENT ATTIRER L'ATTENTION D'UNE FEMME
QUI VEUT ENTENDRE DES IMITATIONS D'ANIMAUX DE FERME?!
VOILÀ QUI A ATTIRÉ SON ATTENTION
J'IGNORAIS QUE L'ON PUISSE COURIR AUSSI VITE AVEC DES TALONS HAUTS
JIM DAVIS 3-9
www.garfield.com
Distributed by Universal Press Syndicate
© 2001 PAWS, INC. All Rights Reserved.

HÉ, HÉ, HÉ...
OH! LES VILAINS ENNUIS QUE JE POURRAIS CAUSER!
SI MES GRIFFES N'ÉTAIENT PAS COINCÉES DANS LA TABLE
JIM DAVIS 3-10
www.garfield.com
Distributed by Universal Press Syndicate
© 2001 PAWS, INC. All Rights Reserved.

Garfield
MON CAFÉ A REFROIDI
Distributed by Universal Press Syndicate
JE DÉTESTE LE CAFÉ FROID. JE HAIS, JE HAIS, JE HAIS LE CAFÉ FROID
IL N'Y A RIEN QUE JE DÉTESTE AUTANT QUE LE CAFÉ FROID
SLAP SLAP SLAP
© 2001 PAWS, INC. All Rights Reserved.
JE PARIE QUE, MÊME SI J'ESSAYAIS, JE NE TROUVERAIS RIEN QUE JE HAIS AUTANT QUE LE CAFÉ FROID
EEEEYAAAAAAHHH!!!
SKREEENK
D'ACCORD, PEUT-ÊTRE LES CALEÇONS TREMPÉS
JIM DAVIS 5-11

ALLEZ GARFIELD! LÈVE-TOI!
LA VIE T'APPELLE!
DIS À LA VIE DE LAISSER UN MESSAGE

...ON NE PEUT PAS DIRE QUE JE N'AI RIEN FAIT DE MA VIE...
MINUTE PAPILLON!
OUI, ON PEUT LE DIRE

TU FAIS DES EXCUSES À ODIE POUR CE QUE TU LUI AS FAIT, SINON JE TE PUNIS SÉVÈREMENT!
PUNIS-MOI SÉVÈREMENT

VEUX-TU SAVOIR CE QUE J'AI FAIT AUJOURD'HUI?
JIM DAVIS 3-15
JE NE PAIE PAS CE CARTON
NON

IL Y A DE NOMBREUSES CHOSES QUE JE NE COMPRENDRAI JAMAIS
JIM DAVIS 3-16
ET CE SONT TOUTES DES FEMMES
UN RARE MOMENT D'HONNÊTETÉ

C'EST LA SEMAINE NATIONALE DES POISSONS LAIDS
ALORS, MANGEZ UN POISSON LAID DÈS AUJOURD'HUI
AINSI, LA PLANÈTE SERA MOINS LAIDE
CE SLOGAN MANQUE DE PUNCH
JIM DAVIS 3-17

Garfield®
© 2001 PAWS, INC. All Rights Reserved.
Distributed by Universal Press Syndicate
APPRÉCIEZ LES PETITES CHOSES ET LES VILAINES CHOSES S'ARRANGERONT D'ELLES-MÊMES
JIM DAVIS 3-18

MAMAN, JE PEUX TE POSER UNE QUESTION
BIEN SÛR, TIMMY
PUIS-JE AVOIR UN ANIMAL DE COMPAGNIE?
UN ANIMAL DE COMPAGNIE
IL M'A SUIVI JUSQU'À LA MAISON
TU N'ES PAS MALIN, HEIN TIMMY?
JIM DAVIS 3-19
Distributed by Universal Press Syndicate www.garfield.com
© 2001 PAWS, INC. All Rights Reserved.

JIM DAVIS 3-20
PRENDS GARDE À L'ARAIGNÉE!
QUELLE VIGIE TU FAIS
NAVRÉE
Distributed by Universal Press Syndicate www.garfield.com
© 2001 PAWS, INC. All Rights Reserved.

TU FERAIS MIEUX DE NE PAS M'EMBÊTER! TU SAIS POURQUOI?
PROUF!
PARCE QUE TU ES UN DUR DE DUR?
SURTOUT, TIENS-TOI-LE POUR DIT
JIM DAVIS 3-21
Distributed by Universal Press Syndicate www.garfield.com
© 2001 PAWS, INC. All Rights Reserved.

... APRÈS CE BAISER DE LA BELLE PRINCESSE ...
JIM DAVIS 3-22
... LA GRENOUILLE SE TRANSFORMA EN JOLIE ARAIGNÉE ...
QUE LA PRINCESSE S'EMPRESSA D'ÉCRASER!
HÉ! CONTENTE-TOI DE LIRE L'HISTOIRE
COMPTINES POUR LES ARAIGNÉES
www.garfield.com
Distributed by Universal Press Syndicate
© 2001 PAWS, INC. All Rights Reserved.

HÉ LE CHAT, JE VAIS BONDIR SUR TON COU ET ASPIRER TOUS TES LIQUIDES ORGANIQUES
PROUF !
HÉ! T'AS ÉCRASÉ MA PAILLE!
JIM DAVIS 3-23
www.garfield.com
Distributed by Universal Press Syndicate
© 2001 PAWS, INC. All Rights Reserved.

VOICI UN STAGIAIRE DE L'UNIVERSITÉ
PROUF!
IL FAIT DU BON BOULOT
JE SUIS D'ACCORD AVEC TOI
JIM DAVIS 3-24
www.garfield.com
Distributed by Universal Press Syndicate
© 2001 PAWS, INC. All Rights Reserved.

GARFIELD
JE VAIS ME RASER, SI QUELQU'UN TÉLÉPHONE...
Distributed by Universal Press Syndicate
BUZZZZZZZZZZZZZ
© 2001 PAWS, INC. All Rights Reserved.
BUZZZZZZZZZZZZZZZZ
CLIC
JIM DAVIS 3-25
QUELQU'UN A-T-IL TÉLÉPHONÉ?
LA BRIGADE DE LA PARANOÏA TE FAIT SES AMITIÉS

LA VIE EST UNE SALE AFFAIRE
TU DEVRAIS ADOPTER UNE ATTITUDE PLUS POSITIVE
LA VIE EST UNE SALE AFFAIRE
JIM DAVIS 3-26
Distributed by Universal Press Syndicate www.garfield.com
© 2001 PAWS, INC. All Rights Reserved.

JE SONGE À ÉCRIRE MON AUTOBIOGRAPHIE
PEUT-ÊTRE DEVRAIS-JE D'ABORD FAIRE QUELQUE CHOSE ?
TU TROUVERAIS MIEUX LE TITRE
JIM DAVIS 3-27
Distributed by Universal Press Syndicate www.garfield.com
© 2001 PAWS, INC. All Rights Reserved.

TU TE SOUVIENS DE CETTE VISITE AU PARC D'ATTRACTIONS ?
COMMENT L'OUBLIER?
PHOTOS
CERTAINS MANÈGES DONNAIENT LA FROUSSE
C'EN ÉTAIT GÊNANT
PHOTOS
JE NE CESSAIS PAS DE CRIER
MAIS DANS LE PARKING, JON ?
PHOTOS
JIM DAVIS 3-28
Distributed by Universal Press Syndicate www.garfield.com
© 2001 PAWS, INC. All Rights Reserved.

AFIN DE COMMUNIQUER AVEC UN CHAT DE COMPAGNIE...
JIM DAVIS 3-29
www.garfield.com
Distributed by Universal Press Syndicate
DONNEZ DES DIRECTIVES SIMPLES ET SANS DÉTOUR
© 2001 PAWS, INC. All Rights Reserved.
PERDS DU POIDS
FOUS LE CAMP

CE SOIR, JE VAIS PEUT-ÊTRE FAIRE LA FÊTE AVEC DES COPAINS
www.garfield.com
Distributed by Universal Press Syndicate
NOUS ALLONS RIRE ET TENIR DES CONVERSATIONS STIMULANTES
© 2001 PAWS, INC. All Rights Reserved.
OU ALORS JE VAIS ME PASSER LE FIL DENTAIRE
RETOUR À LA RÉALITÉ
JIM DAVIS 3-30

SAVEZ-VOUS QUEL EST LE DÉFAUT DES CHATS?
www.garfield.com
Distributed by Universal Press Syndicate
ILS...
CLIC
JIM DAVIS 3-31
© 2001 PAWS, INC. All Rights Reserved.
HÉ!
TU REGARDES TROP LA TÉLÉ

GARFIELD
Z
NOUS DEVRIONS NOUS OCCUPER
NOUS POURRIONS POSTER LE CHIEN DE MME FEENY À DESTINATION D'UN PAYS PEU CONNU SANS AFFRANCHIR SUFFISAMMENT LE COLIS
NOUS POURRIONS LUTTER POUR DÉCROCHER LE DERNIER MORCEAU DE GÂTEAU AU FROMAGE
NOUS POURRIONS DÉTOURNER UN FOURGON DE GLACIER ET TENIR LE CONDUCTEUR EN OTAGE CONTRE LA PLUS GRANDE COUPE GLACÉE DU MONDE
NOUS POURRIONS NOUS PEINDRE EN MAUVE, TREMPER DANS LA BAIGNOIRE TROP LONGTEMPS ET NOUS FAIRE PASSER POUR DES RAISINS
JEU DE DAMES?
JE PRENDS LES ROUGES, CETTE FOIS
JIM DAVIS 4-1
Distributed by Universal Press Syndicate
© 2001 PAWS, INC. All Rights Reserved.

GARFIELD, TROIS SOURIS VIENNENT DE FRANCHIR LA PORTE D'ENTRÉE
L'IGNORAIS-TU ?
ELLES PORTAIENT DES VALISES
LA FOIRE DES FROMAGERS A LIEU CETTE SEMAINE
JIM DAVIS 4·2
www.garfield.com Distributed by Universal Press Syndicate
© 2001 PAWS, INC. All Rights Reserved.

HUM... QUE FAIRE DEVANT CE NOUVEAU TROU DE SOURIS ?
BIEN ENTENDU !
ACCEPTER UN POT-DE-VIN !
JIM DAVIS 4·3
www.garfield.com Distributed by Universal Press Syndicate
© 2001 PAWS, INC. All Rights Reserved.

GARFIELD, VOICI UN SCHÉMA DE LA CHAÎNE ALIMENTAIRE
NOUS SOMMES ICI ET VOICI LES SOURIS, EN BAS
DES QUESTIONS ?
OÙ SE TROUVE LA PIZZA ?
JIM DAVIS 4·4
www.garfield.com Distributed by Universal Press Syndicate
© 2001 PAWS, INC. All Rights Reserved.

www.garfield.com
Distributed by Universal Press Syndicate
WOUF !
© 2001 PAWS, INC. All Rights Reserved.
EUH... GARFIELD ?
OUI, JE SAIS, LES CHIENS SONT PLUS PETITS À PRÉSENT
JIM DAVIS 4-5

SNAP!
OUILLE !
JIM DAVIS 4-6
www.garfield.com
Distributed by Universal Press Syndicate
SNAP!
OUILLE !
© 2001 PAWS, INC. All Rights Reserved.
SNAP!
OUILLE !
IL RENONCERA, TÔT OU TARD
PUIS-JE CONSERVER L'APPÂT ?

IL NOUS FAUT UN QUATRIÈME PARTENAIRE POUR JOUER AU BRIDGE
JIM DAVIS 4-7
www.garfield.com
Distributed by Universal Press Syndicate
D'ACCORD, MAIS CETTE FOIS NOUS JOUONS AVEC MES CARTES
© 2001 PAWS, INC. All Rights Reserved.
LA DERNIÈRE FOIS, J'AI FAILLI DEVENIR AVEUGLE

Garfield
© 2001 PAWS, INC. All Rights Reserved.
Distributed by Universal Press Syndicate
JIM DAVIS 4-8
TU VAS ME FAIRE MAL, N'EST-CE PAS?
À MOINS QUE TU NE T'EMPRESSES DE REMÉDIER À CETTE FÂCHEUSE SITUATION

GARFIELD, SI TU PRENAIS DE L'EXERCICE TU SERAIS PLUS ÉNERGIQUE
CE SERAIT UNE BONNE CHOSE
AH!

VIVE LE PRINTEMPS!
LA SAISON OÙ... EUH... EUH...
QUE SE PASSE-T-IL AU PRINTEMPS?
TU LÈVES LE BRAS EN L'AIR?

GARFIELD, TU DOIS TRAVAILLER
HUM...
TU POURRAIS M'AIDER AU JARDIN
ENTENDU
J'AI FABRIQUÉ CETTE CHARRUE
TU AS BEAUCOUP TROP DE TEMPS LIBRE

J'AVAIS UNE SURPRISE POUR TOI, GARFIELD
MAIS JE NE LA TROUVE PAS
EST-CE QUE CE N'ÉTAIT PAS QUELQUE CHOSE QUI (BURP) AIT PU RESSEMBLER (BURP) À UNE BOÎTE DE BEIGNETS ?

LA FILLE A DIT QU'ELLE ME DÉTESTE PLUS QUE PRESQUE TOUT
PRESQUE TOUT
J'AI SAISI

JE M'ENNUIE, GARFIELD
J'AI BESOIN DE STIMULI
ET SI JE M'ASSOYAIS SUR LE TOIT ?
LE SERVICE DES INCENDIES A DIT DE NE PLUS JAMAIS RECOMMENCER

GARFIELD
BELLE JOURNÉE POUR UNE RANDONNÉE EN FORÊT
POOKY!
QUE FAIS-TU ICI? JE CROYAIS T'AVOIR LAISSÉ AU...
JIM DAVIS 4-15
© 2001 PAWS, INC. All Rights Reserved.
... CAMPEMENT ...
Distributed by Universal Press Syndicate
JUSTE CIEL!

BONJOUR MAMAN! TU ME MANQUES AUSSI
JIM DAVIS 4-16
OUI, JE SAIS QU'IL Y A LONGTEMPS QUE JE T'AI RENDU VISITE...
OUUUII, JE SAIS QUE TU NE RAJEUNIS PAS...
JE VAIS EMBALLER MA GAMELLE ET MON OURSON

J'ADORE LES BALADES EN AUTO
JIM DAVIS 4-17
ÇA ME DONNE ENVIE DE CHANTER!
VLAN! VLAN!
LES GARÇONS?

MAMAN!
JONNY!
PAPA!
FISTON!
BEDAINE DE BIÈRE!
CERVELLE DE LINOTTE!
VIVE LA FAMILLE!
JIM DAVIS 4-18

RAVI DE TE VOIR, FISTON. T'AS BONNE MINE
MERCI, TOI AUSSI PAPA
BIEN. LA BESOGNE M'ATTEND
(SNIF) UN BEAU MOMENT PÈRE-FILS
JE DOIS DÉBALLER MES AFFAIRES
JPM DAVPS 4·19
www.garfield.com
Distributed by Universal Press Syndicate
© 2001 PAWS, INC. All Rights Reserved.

GARFIELD N'APPRÉCIE GUÈRE LA VIE À LA FERME, HEIN JONNY?
PAS VRAIMENT, MAMAN
MAIS IL FINIRA PAR S'Y HABITUER
OUILLE!
SEULEMENT TROIS CHAÎNES?!!
JPM DAVPS 4·20
www.garfield.com
Distributed by Universal Press Syndicate
© 2001 PAWS, INC. All Rights Reserved.

TU VOIS GARFIELD? CE SONT DES MOUTONS
ON DIRAIT DES BOULES DE POUSSIÈRE À QUATRE PATTES
VOILÀ D'OÙ VIENT LA LAINE
MINUTE!
S'IL S'AGIT D'UNE AUTRE HISTOIRE COMME CELLE DE L'ŒUF ET LA POULE, LAISSE TOMBER
JPM DAVPS 4·21
www.garfield.com
Distributed by Universal Press Syndicate
© 2001 PAWS, INC. All Rights Reserved.

garfield©
CE COUCHER DE SOLEIL EST MAGNIFIQUE, PAPA
Distributed by Universal Press Syndicate
OUAIS
© 2001 PAWS, INC. All Rights Reserved.
LES COUCHERS DE SOLEIL SONT POPULAIRES PAR ICI
JPM DAVPS 4·22
TRÈS POPULAIRES

QUI ES-TU ?
JE SUIS UN COQ
QUE FAIS-TU ?
JE ME LÈVE AU POINT DU JOUR
JE N'AI PAS ENTENDU LE COQ CE MATIN
J'IMAGINE QU'IL EST DIFFICILE DE CHANTER LE BEC FICELÉ
JIM DAVIS 4-23
www.garfield.com
Distributed by Universal Press Syndicate
© 2001 PAWS, INC. All Rights Reserved.

TU TE SOUVIENS JON, LORSQUE LE TAUREAU T'A POURCHASSÉ JUSQU'À CET ARBRE ?
OUI, PAPA
TU AS PASSÉ **BEAUCOUP** DE TEMPS DANS CET ARBRE...
JE M'EN SOUVIENS, PAPA
QUEL ÂGE AVAIS-TU ?
SEPT ET HUIT ANS
JIM DAVIS 4-24
www.garfield.com
Distributed by Universal Press Syndicate
© 2001 PAWS, INC. All Rights Reserved.

COMMENT SE PASSE LA VIE EN VILLE, JON ?
C'EST LA FOLIE !
PARFOIS, JE NE ME COUCHE PAS AVANT 22 HEURES
MAMAN !
JIM DAVIS 4-25
www.garfield.com
Distributed by Universal Press Syndicate
© 2001 PAWS, INC. All Rights Reserved.

LA VIE À LA FERME COMPORTE DES DANGERS
ON TROUVE PARTOUT DES PANNEAUX DE MISE EN GARDE
«NE CHATOUILLEZ PAS LE TAUREAU»
À SUIVRE À LA LETTRE
JIM DAVIS 4-26
www.garfield.com
Distributed by Universal Press Syndicate
© 2001 PAWS, INC. All Rights Reserved.

J'AI UNE COPINE À PRÉSENT
VRAIMENT?
TU VEUX VOIR SA PHOTO?
OUI!
QU'EN DIS-TU?
EEUUHH...
VOILÀ UNE DENT BIEN BLANCHE
JIM DAVIS 4-27
www.garfield.com
Distributed by Universal Press Syndicate
© 2001 PAWS, INC. All Rights Reserved.

JE RESTERAIS BIEN MAIS J'AI UN RENDEZ-VOUS GALANT
REGARDE CETTE AFFREUSE HOLSTEIN LÀ-BAS
C'EST MA COPINE
TU NE DEVRAIS PAS PORTER DES POIS, MA CHÉRIE!
JIM DAVIS 4-28
www.garfield.com
Distributed by Universal Press Syndicate
© 2001 PAWS, INC. All Rights Reserved.

Garfield®
JPM DAVPS 4-29
FRÔLE FRÔLE
* CLIC *
ÉCLAIREUR À LA BASE...
© 2001 PAWS, INC. All Rights Reserved.
AUCUN SIGNE DU CHAT... ALLEZ-Y!
Distributed by Universal Press Syndicate
Whack! Whack! Whack! Whack!
ÉCLAIREUR À LA BASE... EUH, OÙ EST VOTRE SENS DE L'HUMOUR?

CETTE PIÈCE PARAÎTRAIT MIEUX SANS POILS DE CHAT
JIM DAVIS 4-30
www.garfield.com
Distributed by Universal Press Syndicate
IL N'Y A PAS DE POILS DE CHAT ICI, SAUF CEUX QUE J'AI SUR MOI
© 2001 PAWS, INC. All Rights Reserved.
HÉ!

VOICI MME SPITTLE, QUI M'ENSEIGNAIT EN 3E ANNÉE
JIM DAVIS 5-1
www.garfield.com
Distributed by Universal Press Syndicate
ELLE ME DÉTESTAIT. ELLE M'A FORCÉ À SUIVRE DES COURS D'ÉTÉ
© 2001 PAWS, INC. All Rights Reserved.
ELLE N'ÉTAIT PAS SI MAL, APRÈS TOUT
D'OÙ LES CORNES, LA BARBICHE ET LA DENT NOIRCIE SI BIEN RENDUES

JIM DAVIS 5-2
FAIS LE MORT, ODIE!
www.garfield.com
Distributed by Universal Press Syndicate
BRAVE GARÇON!
© 2001 PAWS, INC. All Rights Reserved.
NE BOUGE PLUS, À PRÉSENT

UNE QUOI?... SUR VOTRE QUOI?!
OUI, MME FEENY. JE M'EN OCCUPE
JIM DAVIS 5-3
UNE GERBOISE MORTE SUR SA BALANCELLE?!
PAS MON ŒUVRE. TROP ÉVIDENT

OH HO...
JIM DAVIS 5-4
C'EST MAUVAIS SIGNE
LE CERF-VOLANT DE JON EST REVENU SANS LUI

DU BON CAFÉ
JIM DAVIS 5-5
DU CAFÉ FUMANT
VOICI LE REFRAIN
DU BOOON CAFÉ FUUUMANT
OUF

com
Distributed by Universal Press Syndicate
© 2001 PAWS, INC. All Rights Reserved.
... VOTRE GAUCHE SE TROUVE UN CHAT DE MAISON. À PRÉSENT, PASSONS AU SÉJOUR
SENS-TU UN COURANT D'AIR?
T'AS LAISSÉ LA PORTE OUVERTE, ABRUTI
JIM DAVIS 5-6

QUAND JE VOIS LA SALETÉ AUTOUR DE NOUS...
www.garfield.com
Distributed by Universal Press Syndicate
JE ME DIS QUE LE MOMENT EST VENU D'AGIR
© 2001 PAWS, INC. All Rights Reserved.
J'AI LES BANDEAUX À PORTÉE DE MAIN
DONNE-MOI LE BLEU
JIM DAVIS 5-7

JE VAIS MÉDITER
JIM DAVIS 5-8
www.garfield.com
Distributed by Universal Press Syndicate
À TON GRÉ
© 2001 PAWS, INC. All Rights Reserved.
Z
JE POURRAIS MÉDITER AUSSI

QUI A ENVIE DE S'AMUSER?
JIM DAVIS 5-9
www.garfield.com
Distributed by Universal Press Syndicate
PAS MOI! PAS MOI!
© 2001 PAWS, INC. All Rights Reserved.
MME PELOTE-DE-LAINE A BESOIN D'ATTENTION
JE VOUS SOUHAITE UNE UNION HEUREUSE

UNE FABULEUSE BOUTIQUE VIENT D'OUVRIR SES PORTES!
ELLE S'APPELLE CRÉEZ VOTRE ANIMAL DE SALON
J'AI MAINTENANT UN LAPIN!
QUI EST MUTILÉ
JIM DAVIS 5-10

TINA, JE DONNE UNE PARTIE SAMEDI SOIR. TU VEUX VENIR?
JIM DAVIS 5-11
BIEN SÛR QUE J'Y SERAI
TROUBLE-FÊTE

LE WEEK-END EST LE MOMENT OÙ JE ME CABRE ET JE HURLE
PRESQUE
... M'ALLONGE ET GIGOTE?
QUASIMENT
... RAMPE EN POSITION FŒTALE ET GEINS?
BIEN DIT
JIM DAVIS 5-12

garfield®
© 2001 PAWS, INC. All Rights Reserved.
Distributed by Universal Press Syndicate
SI DORMIR EST UN ART, ALORS JE SUIS UN CHEF-D'ŒUVRE
JIM DAVIS
5-13

JIM DAVIS 5-14
(BÊTISES)
CLIC
(ABSURDITÉS)
CLIC
(BÊTISES ABSURDES)
ENFIN!
www.garfield.com Distributed by Universal Press Syndicate
© 2001 PAWS, INC. All Rights Reserved.

COMME CE FILM EST LONG!
IL NE SE PASSE PRESQUE RIEN
JIM DAVIS 5-15
OÙ EST LA TÉLÉ-COMMANDE?
T'ES ASSIS SUR LE BOUTON PAUSE, GÉNIE TECHNO
www.garfield.com Distributed by Universal Press Syndicate
© 2001 PAWS, INC. All Rights Reserved.

BIENVENUE À «RECYCLONS LES ANIMAUX VICTIMES DE LA ROUTE»! QU'AVONS-VOUS CE SOIR, BOB?
DIFFICILE À DIRE, CHUCK... IL EST BIEN PLAT...
ÇA FERAIT UN JOLI SOUS-VERRE
AVEC DE GRANDS YEUX
JIM DAVIS 5-16
www.garfield.com Distributed by Universal Press Syndicate
© 2001 PAWS, INC. All Rights Reserved.

QUELLE EST VOTRE PROFESSION, MONSIEUR?
J'ÉCRASE DES ARAIGNÉES
VOUS NOUS FAITES UNE DÉMONSTRATION?
VOLONTIERS
SQUICHE!
MALADROIT
IL N'ACCOMPAGNE PAS LE COUP
JIM DAVIS 5-17

... NOUS **AVIONS** UNE SAISISSANTE SÉQUENCE SUR L'INCENDIE DU CENTRE-VILLE MAIS AU MONTAGE **DAN** L'A **EFFACÉE** ACCIDENTELLEMENT...
PLUTÔT QUE DE VOUS PRÉSENTER UNE SAISISSANTE SÉQUENCE DE L'INCENDIE, VOICI **DAN** EN CAMISOLE ET EN CALEÇON QUI JOUE DE LA MUSIQUE À BOUCHE AVEC UN PEIGNE
FFFT FFFT FFFT
ÇA SURPASSE UNE SÉQUENCE D'INCENDIE
JIM DAVIS 5-18

Z
Z
Z
Z
VOUS REGARDIEZ «FAITES LA SIESTE AVEC FLUFFY»
EUF
JIM DAVIS 5-19

GARFIELD®
BIP... JON, ICI CINDY, J'AI CHANGÉ DE NOM. TU NE POURRAS JAMAIS ME RETROUVER. HA! HA! HA!
Distributed by Universal Press Syndicate
BIP... JON? C'EST MARSHA. JE NE PEUX SORTIR AVEC TOI CAR JE SUIS ALLERGIQUE À L'ENNUI
BIP... JON, ICI NANCY. NE VIENS PAS CHEZ MOI. TU NE POURRAS FRANCHIR LES DOUVES
BIP... JON, ICI MARY... J'AI ACHETÉ UN ROTTWEILER DRESSÉ À ATTAQUER LORSQUE ÇA PUE L'EAU DE COLOGNE BON MARCHÉ
JPM DAVPS 5-20
BIP... JON, SANDY À L'APPAREIL. SI TU ME TÉLÉPHONES UNE FOIS DE PLUS, JE TE BRISE LE DOIGT AVEC LEQUEL TU COMPOSES
ALOOORS...
DÉFAIS-TOI DU RÉPONDEUR. IL M'EFFRAIE!

PROUF!
JIM DAVIS 5-21
LE PRINTEMPS EST ARRIVÉ
LE PREMIER ROUGE-GORGE DE LA SAISON VIENT DE S'ÉCRASER DANS LA BAIE VITRÉE
www.garfield.com
Distributed by Universal Press Syndicate
© 2001 PAWS, INC. All Rights Reserved.

N'EST-CE PAS MERVEILLEUX LE PRINTEMPS, GARFIELD?
JIM DAVIS 5-22
LE SOLEIL... LES FLEURS...
MÊME TOI, TU SOURIS!
J'AI LA BOUCHE PLEINE DE PAPILLONS
www.garfield.com
© 2001 PAWS, INC. All Rights Reserved.
Distributed by Universal Press Syndicate

J'AI POUSSÉ ODIE EN BAS DU TOIT!
JIM DAVIS 5-23
PAR CHANCE, SA CHUTE FUT AMORTIE QUAND IL TOMBA SUR JON
RAPPROCHE-TOI, GARFIELD!
REGARDE ODIE! IL A RAMPÉ DE LUI-MÊME JUSQU'ICI
© 2001 PAWS, INC. All Rights Reserved.
www.garfield.com
Distributed by Universal Press Syndicate

TU DORS TROP, GARFIELD
J'AI UNE PHOBIE
IL Y A UN TERME POUR CELA
« PHOBIE DE L'EXERCICE»
PARESSEUX!
LA PEUR DE TRANSPIRER

VOILÀ UNE MINUTE, IL Y AVAIT UN BISCUIT DANS MON ASSIETTE
ET JE VEUX SAVOIR OÙ IL EST PASSÉ!
IL APPRÉCIE LA COMPAGNIE DE LA CÔTELETTE DE PORC DISPARUE

CETTE PÂTÉE POUR CHATS CONTIENT DU POULET AROMATISÉ AU THON...
QUI RESSEMBLE À DU BŒUF
JE PRÉFÈRE LE THON AROMATISÉ AU BŒUF QUI RESSEMBLE À DU POULET

GARFIELD®
COMMENT VAS-TU, HAMBURGER GÉANT?
HAMBURGER GÉANT?
TU RÊVES
C'EST CE QUE JE PRÉSUMAIS
IL NE FAUT JAMAIS PRÉSUMER!
Distributed by Universal Press Syndicate
JIM DAVIS 5-27

VOICI LES MENUS, JON
J'ADORE CE RES-TAURANT
www.garfield.com
Distributed by Universal Press Syndicate
JIM DAVIS 5-28
© 2001 PAWS, INC. All Rights Reserved.
J'AI DÉJÀ DES AIGREURS D'ESTOMAC
JE SUIS AU SEPTIÈME CIEL DE LA FRITURE

HUM... LE BURRITO AUX TROIS HARICOTS SEMBLE APPÉTISSANT...
www.garfield.com
Distributed by Universal Press Syndicate
JIM DAVIS 5-29
© 2001 PAWS, INC. All Rights Reserved.
NAVRÉE, IL N'EN RESTE PLUS
JE T'EN DOIS UNE, IRMA

VOULEZ-VOUS DE LA SAUCE AU RAIFORT SUR LE SANDWICH AUX SARDINES, À L'AIL ET À L'OIGNON?
www.garfield.com
Distributed by Universal Press Syndicate
JIM DAVIS 5-30
OUI
PAS DE BAISER POUR TOI CE SOIR
© 2001 PAWS, INC. All Rights Reserved.

IL Y A UN MOT DANS MON SANDWICH
ÇA DIT : «INSPECTÉ PAR LE NUMÉRO 23»
ON A INSPECTÉ MON SANDWICH AU THON ?
OU ALORS LE CUISTOT PORTE UNE CHEMISE NEUVE

MES COMPLIMENTS AU CHEF!
JE VAIS LUI DIRE
IL DIT QU'IL PRÉFÈRE UN CÂLIN
J'AI MAL MANGÉ

AH... UN REPAS BOURRATIF DANS CE RESTAURANT
BURRRRP
PUIS RENTRER S'ENDORMIR SUR LE CANAPÉ DEVANT LA TÉLÉ
LA NOTE!
ON NE SAURAIT TROUVER MIEUX

# À QUOI RECONNAÎT-ON UN ABRUTI ?

IL CROIT QU'IL EST HOT
DE JOUER DE L'ACCORDÉON

À L'ÉCOLE, ON DISAIT
DE LUI QU'IL ÉTAIT
SUSCEPTIBLE D'ÉPOUSER
UN ÉLECTROMÉNAGER

IL POSSÈDE UNE
IMPRESSIONNANTE COLLECTION
DE PANTOUFLES JEANNOT LAPIN

« BEST OF HARMONICHATS »
EST LE DERNIER DISQUE COMPACT
QU'IL S'EST PROCURÉ

SA MÈRE L'ACCOMPAGNE
AU BAL DES FINISSANTS

IL CLASSE SES CHAUSSETTES
EN ORDRE ALPHABÉTIQUE

# Faites votre cybershopping avec le cyberchat !

Surfez sur Internet et visitez le félin félon à l'adresse **http:// www.garfield.com** pour :

- Des bandes dessinées
- Des jeux
- Les actualités le concernant
- Faire vos achats en ligne

## Vous souhaitez obtenir le catalogue de tous les produits griffés Garfield ?

Il suffit d'inscrire vos nom, adresse, numéro de téléphone, date de naissance et adresse électronique sur une feuille de papier, de la mettre sous enveloppe et de la poster à :

Garfield Catalog, 2951 Peak Avenue, Longmont, CO, USA 80504-6221

Ou encore, complétez la carte affichée sur notre site Web à www.garfieldstuff.com/book

Sinon, commandez un catalogue sans effort en composant sans frais le 1-888-274-7297 (aux É.-U. seulement).

GARFIELD 25 YEARS!
1978 2003